Lernwerkstatt
Sommer

Grundschule

von

Katja Stach

Stolz Verlag
Edition Lendersdorfer Traumfabrik

www.stolzverlag.de

Heut war beinahe hitzefrei,
doch fehlte ein Grad oder zwei.
Das ist nicht schön gewesen.
Fritz saß und malte einen Hund
mit einer Blase aus dem Mund
(KNURR! war darin zu lesen).

Josef Guggenmos

Die Blase kannst Du selbst ausfüllen, lieber Leser!

INHALT

Was will dieses Heft leisten?

Sachkenntnis aus Schriftgut kann nur erwerben, wer Sprachkompetenz besitzt. Diese bei den Kindern zu fördern, ist unser größtes Anliegen. Alles Sachlernen in der Schule muss zugleich auch Deutschunterricht sein.

So lernen Kinder mit diesem Heft

- Aufmerksam lesen und Textbearbeitung: Das Gelesene soll geistig aufgenommen und verarbeitet werden. Dazu geben wir Zeit, denn aktives Lesen ist mit reger geistiger Vorstellungskraft verbunden. Diese ist nach Kräften zu fördern. Flüchtiges Lesen bringt wenig oder gar keinen Bildungsgewinn.
- Sich intensiv mit dem Thema befassen: Lesen, Schreiben, Zeichnen, Nachschlagen, Memorieren, Vortragen - all das fördert die Konzentration des Schülers. Er lernt dabei verschiedene Lerntechniken kennen.
- Während des Arbeitens soll eine Atmosphäre der konzentrierten Stille herrschen. Dafür sorgt der Lehrer. Lärm ist einer der Hauptstressoren, die der geistigen Arbeit abträglich sind.
- Fragen werden in ganzen Sätzen beantwortet, Geschriebenes sorgfältig kontrolliert. Wir füllen nicht nur Lücken, sondern schreiben in Hefte.
  Nimm dir Zeit zum Lernen, sagt die Lendersdorfer Schnecke!

Das Thema „Sommer" ist mit 32 Seiten nicht erschöpfend behandelt. Doch dazu wäre im Unterricht auch keine Zeit. Es ist Aufgabe der Pädagogik, auszuwählen. Wir haben eine Auswahl getroffen, von der wir glauben, dass sie für das Lernen gewinnbringend ist. Die vorliegenden Arbeitsaufgaben können zur Stationenarbeit eingesetzt werden, sind nützlich zur inneren Differenzierung oder zum allgemeinen Unterricht. Auch zur Nachhilfe im häuslichen Rahmen können sie eingesetzt werden. Die Lösungen erleichtern die Kontrolle durch den Lehrer, können auch notfalls der Selbstkontrolle dienen. Wir wünschen allen, die mit diesem Heft arbeiten, viel Freude und - guten Lernerfolg!

Katja Stach

Warum gibt es Jahreszeiten?

Die Erde dreht sich um sich selbst. Für eine Umdrehung benötigt sie genau 24 Stunden. Dabei wechseln Tag und Nacht einander ab. Auf der Erdhälfte, die zur Sonne gerichtet ist, ist es Tag. Die andere Hälfte bleibt dunkel, dort ist es dann Nacht. Tag und Nacht entstehen durch die Drehung der Erde.

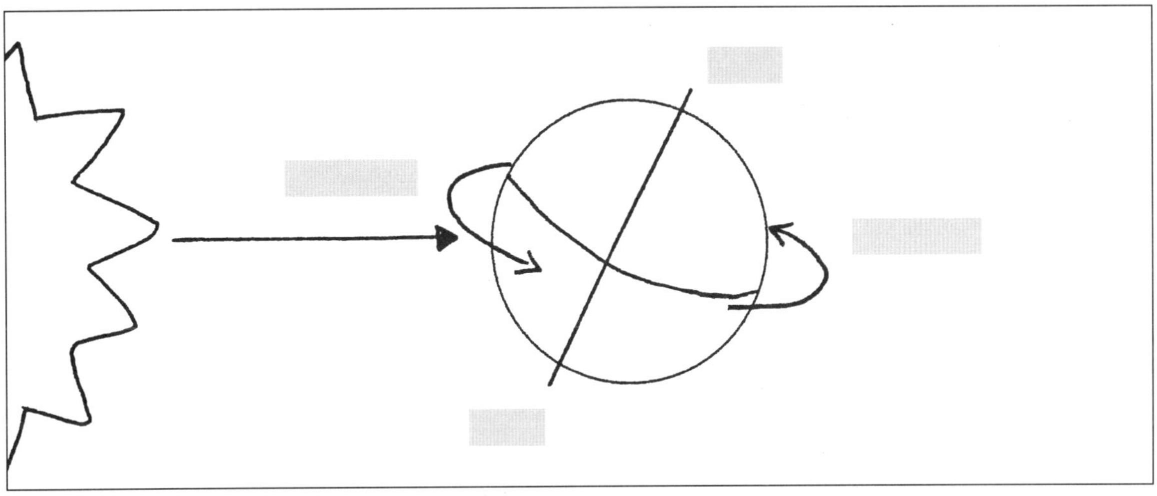

Betrachte die Darstellung. Links siehst du die Sonne, rechts die Erde. Die Erde steht schräg: du erkennst es an der gekippten Linie, das ist die Erdachse. Lasse deinen Finger auf der Zeichnung in die Richtung kreisen, in der sich die Erde dreht. Stelle dir das auch bildlich vor!

Ziehe mit einem Lineal die Erdachse in roter Farbe nach.

Schreibe in die richtigen grauen Felder: **N** (für Norden)
S (für Süden)
Tag
Nacht

Und warum gibt es Jahreszeiten? Die Drehung der Erde um die eigene Achse allein ist dafür keine Erklärung. Die Erde dreht sich nämlich nicht nur um sich selbst, sondern ... vielleicht weißt du es schon. Lies weiter auf der nächsten Seite.

Stolz Verlag Lernwerkstatt Sommer Best.-Nr. 335

Warum gibt es Jahreszeiten? (Fortsetzung)

Die Erde dreht sich auch um die Sonne. Für eine Runde benötigt sie ein Jahr. Dadurch entstehen bei uns die Jahreszeiten. Weil die Erdachse schräg steht – wie du auf der Vorseite gelernt hast – wechselt der Einfall der Sonnenstrahlen im Verlauf der „Reise" der Erde um die Sonne. Im Sommer treffen die Sonnenstrahlen steil auf unser Land, es wird sehr warm. Die Sonne steht hoch, die Schatten sind kurz. Im Winter dagegen fallen die Strahlen der Sonne im flachen Winkel auf die Erde. Du kannst sehen, wie tief die Sonne am Himmel steht! Die Schatten sind lang.

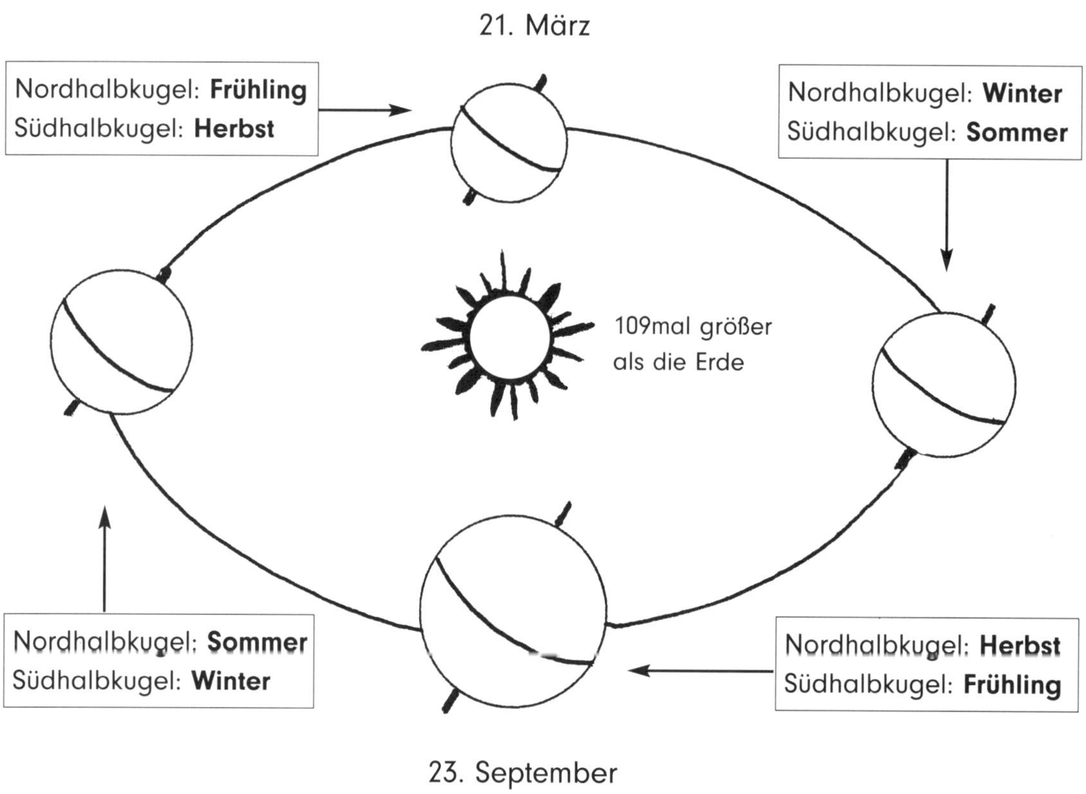

Auch das weißt du schon: Wenn es bei uns Sommer ist, frieren die Menschen auf der Südhalbkugel – zum Beispiel in Südafrika – in Winterkälte.

Schreibe jetzt vier Sätze – zu jeder Jahreszeit einen. Die Zeichnung hilft dir dabei!

Ist es bei uns Sommer, dann haben die Menschen in Südafrika Winter.

Stolz Verlag   Lernwerkstatt Sommer   Best.-Nr. 335

Zeit zum Lernen

Verdrehter Sommer

Der Sommer ist für Kinder eine ganz besondere tiezserhaJ. Die Sonne scheint, und alle können den ganzen Tag neßuard spielen. In den neladnaS braucht man keine efpmürtS zu tragen. Auch die redäbierF und neleidsiE haben endlich wieder geöffnet. Hier lassen viele Kinder einen lietßorG ihres wertvollen sedlegnehcsaT. In der eluhcS gibt es manchmal ierfeztih, außerdem sind bald neirefremmoS. Herrlich!

Arbeitsanweisungen

1. *Da stimmt doch was nicht! Sicher hast du schon herausgefunden, was verkehrt ist. Bringe den Text in Ordnung. Schreibe ihn mit den richtigen Wörtern in dein Heft. Lies aufmerksam. Hast du alles richtig geschrieben?*
2. *Fülle den Lückentext unten richtig aus.*

Fit für ein Diktat? Es geht weiter auf der nächsten Seite.

Der Sommer ist für Kinder eine ganz besondere ______________ .

Die Sonne scheint, und alle können den ganzen Tag ____________ spielen.

In den ______________ braucht man keine ______________ zu tragen.

Auch die ______________ und ______________ haben endlich wieder geöffnet.

Hier lassen viele Kinder einen ______________ ihres wertvollen ____________________ .

In der ______________ gibt es manchmal ______________ , außerdem sind bald ______________________ . Herrlich!

Stolz Verlag Lernwerkstatt Sommer Best.-Nr. 335

Zeit zum Lernen

Verdrehter Sommer (Würfeldiktat)

Du brauchst für dieses Diktat einen Würfel und einen Partner, mit dem du gemeinsam lernst.
Würfelt abwechselnd. Würfelst du zum Beispiel eine fünf, dann diktiert dir dein Partner den fünften Satz. Schreibe ihn an die entsprechende Stelle.
Nun würfelt dein Partner, und du diktierst ihm den Satz mit der gewürfelten Nummer. Anschließend schaut jeder das Diktat des Partners nach Fehlern durch. Die Fehler werden sofort berichtigt!

Stolz Verlag Lernwerkstatt Sommer Best.-Nr. 335

Zeit zum Lernen

Sommer – HAIKU

Ein HAIKU ist ein kleines Gedicht. Das HAIKU-Schreiben kommt aus Japan und ist dort sehr beliebt. Dort gibt es sogar Wettbewerbe.
Ein HAIKU hat eine ganz besondere Form. Es besteht immer aus drei Zeilen. Jede Zeile darf nur eine bestimmte Anzahl an Silben haben:

erste Zeile: 5 Silben
zweite Zeile: 7 Silben
dritte Zeile: 5 Silben

Übrigens: ein HAIKU reimt sich nicht!

Beispiel

1 **Sonnenblumen gelb,**
2 **gepflückt von lieben Kindern,**
3 **der Mutter geschenkt.**

1. Zeile ______________________

2. Zeile ______________________

3. Zeile ______________________

Arbeitsanweisungen

1. Zähle die Silben in den Zeilen 1, 2 und 3. Stimmt es? Zähle so: Son-nen-blu- ...

2. Schreibe nun selbst ein Sommer-HAIKU. Stimmen die Silben? Lest vor und prüft gemeinsam, ob sich keiner verzählt hat!

3. Welches HAIKU gefällt euch allen am besten? Stimmt ab. Schreibt dann dieses HAIKU groß auf ein Zeichenblatt und verziert es schön!

Stolz Verlag Lernwerkstatt Sommer Best.-Nr. 335

Sommer

Weißt du, wie der Sommer riecht?
Nach Birnen und nach Nelken,
nach Äpfeln und Vergissmeinnicht,
die in der Sonne welken,
nach heißem Sand und kühlem See
und nassen Badehosen,
nach Wasserball und Sonnencreme,
nach Straßenstaub und Rosen.

Weißt du, wie der Sommer schmeckt?
Nach gelben Aprikosen
und Walderdbeeren, halb versteckt
zwischen Gras und Moosen
nach Himbeereis, Vanilleeis
und Eis aus Schokolade,
nach Sauerklee am Wiesenrand
und Brauselimonade.

Weißt du, wie der Sommer klingt?
Nach einer Flötenwiese,
die durch die Mittagsstille dringt,
ein Vogel zwischert leise,
dumpf fällt ein Apfel in das Gras,
ein Wind rauscht in den Bäumen,
ein Kind lacht hell, dann schweigt es schnell
und möchte lieber träumen.

Arbeitsanweisungen

1. *Lies das Gedicht zuerst still für dich. Frage, wenn du etwas nicht verstehst. Übe flüsternd, bis du fließend lesen kannst.*
2. *Suche dir zwei Partner. Jeder von euch übernimmt eine Strophe und lernt sie auswendig. Das kann man über den Tag zu Hause erledigen. Tragt dann das Gedicht gemeinsam vor.*
3. *Male zu jeder Strophe ein passendes Bild in die Kästchen.*

Stolz Verlag Lernwerkstatt Sommer Best.-Nr. 335

Die Sonne (Info-Text)

Am 21. Juni ist bei uns Sommeranfang. An diesem Tag ist es am längsten hell, weil die Sonne ihren höchsten Stand am Himmel erreicht hat. Von dem Tag an „rückt die Sonne wieder weg", jeden Tag ein Stücklein. Sie geht später auf und früher unter, bis Monate später wieder Winter ist. Am 21. Juni feiern wir deshalb die „Sommersonnenwende". In bergiger Landschaft sehen wir auf den Höhen die Sonnwendfeuer leuchten.

Die Sonne ist ein Symbol für Licht, Leben und Fruchtbarkeit. Ohne Sonne gäbe es auf der Erde kein Leben. Du kannst selbst beobachten, wie froh die Menschen sind, wenn die Sonne vom Himmel lacht! Die meisten Menschen setzen sich gern in die pralle Sonne, um sich bräunen zu lassen. Sonnenlicht hilft dem Körper, das lebenswichtige Vitamin D zu bilden. Licht und Wärme tun einfach gut.

Zuviel Sonne aber schadet. Warum? Alles im Leben muss sein Maß haben. Wer sich zu lange in der Sonne aufhält, bekommt einen Sonnenbrand. Häufige Sonnenbrände können Hautkrebs auslösen. Manche Menschen leiden unter einer Sonnenallergie. Wer sich in der Mittagshitze zu sehr anstrengt, riskiert Hitzschlag oder Kollaps. Die Sonne ist ein gewaltiger Feuerball!

Meine Gedanken zum Text:

Arbeitsanweisungen

1. *Wenn wir einen Text lesen, kommen wir auf allerlei Gedanken:* „Wie ist das gemeint? Verstehe ich nicht." *Oder:* „Aha, so ist das!" *Oder:* „Nein, das kann nicht sein." *Oder:* „Darüber weiß ich viel mehr, und zwar ..." *Achte beim Lesen auf deine Gedanken und notiere rechts, was dir so in den Sinn kommt. Vergleicht anschließend eure Eintragungen und sprecht darüber!*
2. *Fasse den Text kurz zusammen und ergänze durch eigene Gedanken.*

Zeit zum Lernen
Stolz Verlag Lernwerkstatt Sommer Best.-Nr. 335

Wie verhalten wir uns an heißen Tagen?

◯ = richtig

Sobald meine Haut brennt, muss ich aus der Sonne gehen.	**D**
In der prallen Sonne trage ich am besten eine Kopfbedeckung.	**F**
Wenn ich braun werden will, darf ich micht nicht eincremen.	**L**
Häufiger Sonnenbrand ist völlig ungefährlich.	**A**
Eine Sonnenbrille sieht nicht nur cool aus, sie schützt auch meine Augen.	**R**
Ich creme mich etwa 30 Minuten vor dem Sonnenbad ein.	**E**
Wer einmal wasserfeste Sonnencreme aufträgt, ist für einen ganzen langen Tag geschützt und kann in der prallen Sonne bleiben.	**N**
Wer besonders braun werden will, muss den Sonnenbrand aushalten.	**T**
Gegen den Durst trinke ich im Sommer viel Sprudelwasser.	**I**
Es ist besser, nicht zu viel zu trinken, damit man nicht schwitzt.	**E**
Bei großer Hitze vermeide ich Anstrengungen.	**B**
An einem heißen Tag zur Mittagszeit halte ich mich im Schatten auf.	**A**
Wenn es heißt ist, müssen wir besonders viel Süßigkeiten essen.	**S**
Im Sommer tragen wir helle, luftige Kleidung.	**D**
Im Schatten wird man überhaupt nicht braun.	**R**

Lösungswort:

Arbeitsanweisung

Lies die verschiedenen Aussagen zum Verhalten im Sommer. Einige stimmen, andere sind Quatsch. Kreise jeweils den Buchstaben der sinnvollen Aussage ein und schreibe diese Sätze in dein Heft. Wenn du es richtig gemacht hast, ergeben die eingekreisten Buchstaben ein Lösungswort.

Stolz Verlag Lernwerkstatt Sommer Best.-Nr. 335

Sommersonnenwörter

Bilde zusammengesetzte Wörter und schreibe sie in dein Heft.

Wähle jeweils 5 Wörter aus und bilde Sätze!

Zeit zum Lernen

Stolz Verlag Lernwerkstatt Sommer Best.-Nr. 335

Warme Farben

Was sind warme Farben? Schließe die Augen und stelle dir ein flackerndes Feuer vor. Jetzt siehtst du sie, die warmen Farben!

Gestalte dieses Blatt nur mit warmen Farben. Anschließend fügt ihr alle Bilder zu einem Gemeinschaftsbild zusammen!

Stolz Verlag Lernwerkstatt Sommer Best.-Nr. 335

Schmetterlinge (Info-Text)

Schmetterlinge sind Insekten. Ein anderer Name ist Falter. Der Körper eines Falters gliedert sich in drei Abschnitte: den **Kopf**, die **Brust** und den **Hinterleib**.

1. Am Kopf fallen uns die großen Augen auf. Mit diesen **Facettenaugen** kann der Falter in alle Richtungen schauen. Die **Fühler** eines Schmetterlings können viel: sie helfen beim Tasten, können Gerüche aufnehmen und helfen, das Gleichgewicht zu halten. Was wie eine Spirale aussieht, ist der **Rüssel**, den der Falter aufrollen kann. Mit dem Rüssel saugt der Falter Nektar aus den Blüten wie mit einem Strohhalm.
2. An der Brust sind die **Flügel** angewachsen. Es sind zwei Vorderflügel und zwei Hinterflügel. Sie sind von farbigen Schuppen bedeckt. Wenn du die Vorderflügel anfasst, dann fallen die Schuppen ab und der Schmetterling kann nicht mehr fliegen. Mit den hinteren Flügeln steuert der Schmetterling. Außerdem sitzen an der Brust sechs **Beine** mit Krallen.
3. Im Hinterleib liegen mehrere kleine **Atemöffnungen**. Auch die Fortpflanzungsorgane des Falters befinden sich am Hinterleib.

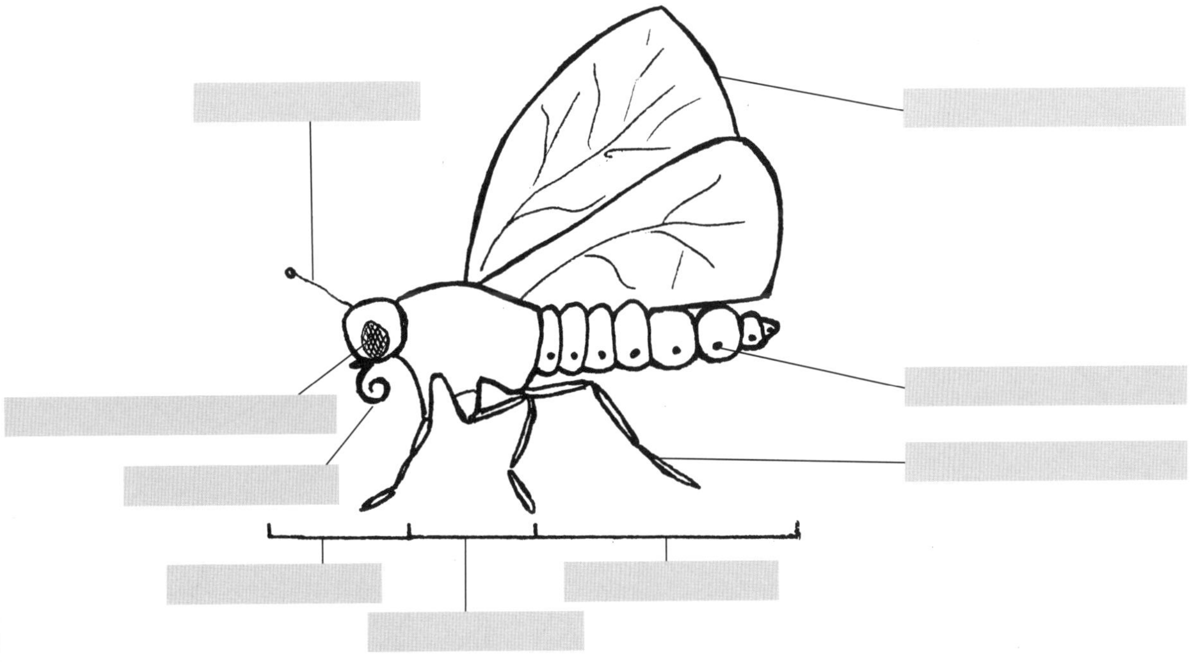

Arbeitsanweisungen

1. Lies den Text aufmerksam. Beschrifte nun die Abbildung des Schmetterlings richtig.

2. Schreibe sechs Sätze zu diesem Text auf. Was ist am wichtigsten?

Stolz Verlag Lernwerkstatt Sommer Best.-Nr. 335

Die vier Leben des Schmetterlings

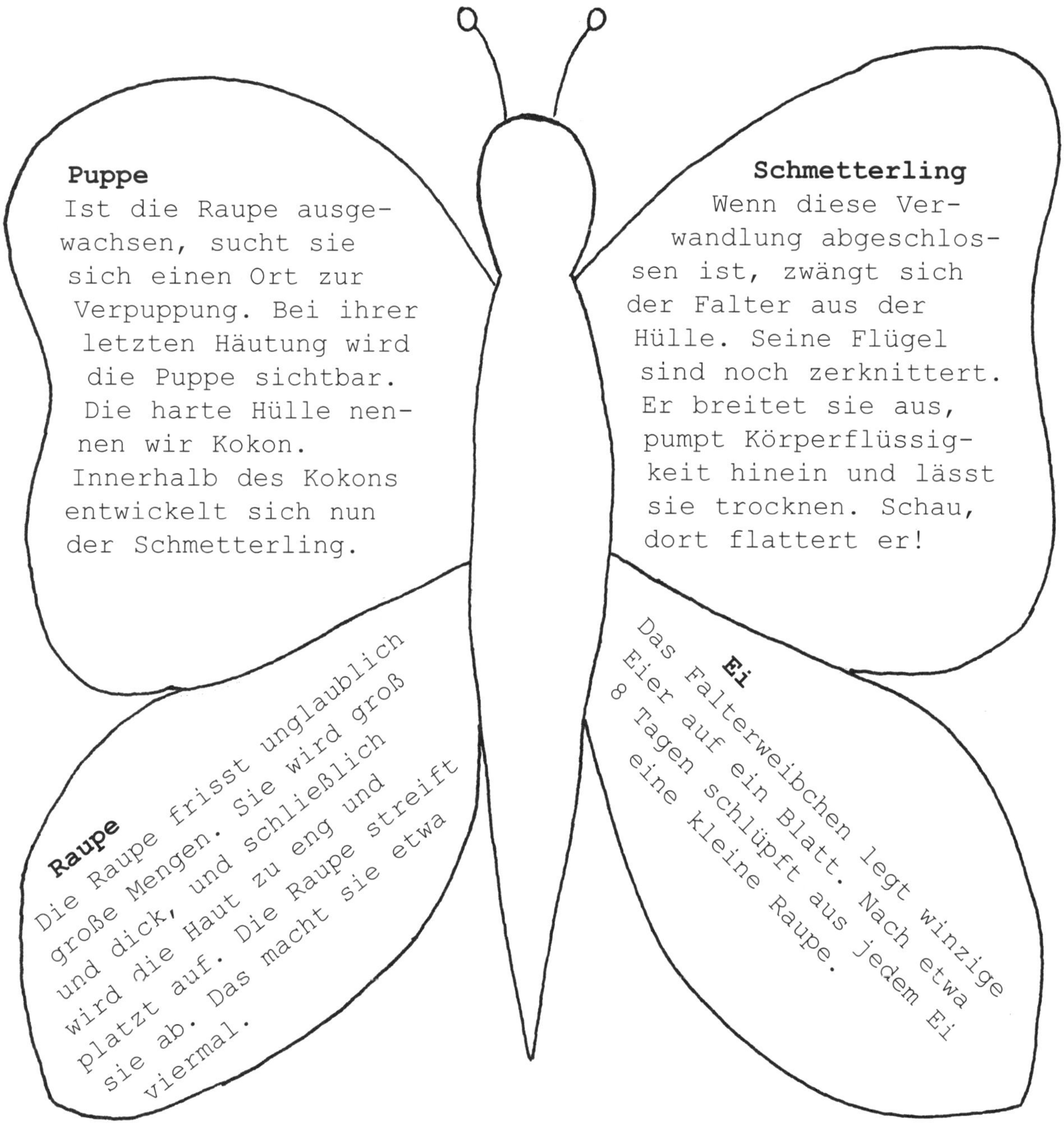

Schmetterlinge verwandeln im Laufe ihres Lebens ihre Gestalt. Man nennt diese Verwandlung Metamorphose.

Arbeitsanweisung

Schreibe in dein Heft die Seitenüberschrift und den ersten Satz, der unter dem Falter steht. Finde dann die richtige Reihenfolge der Textabschnitte in den Flügeln und übertrage den Text fehlerfrei und sauber in den Heft. Lies anschließend deinen Text laut vor!

Zeit zum Lernen
Stolz Verlag Lernwerkstatt Sommer Best.-Nr. 335

Einheimische Schmetterlinge

Wir befassen uns jetzt mit vier einheimischen Schmetterlingsarten. Lies die Texte aufmerksam und schreibe dann die Namen in die richtigen Kästchen.

1.

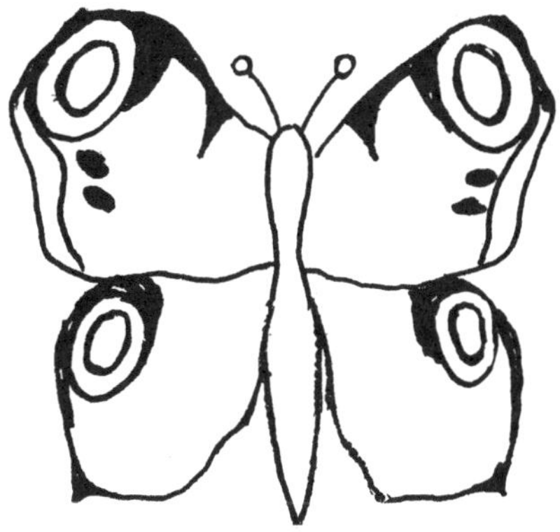

2.

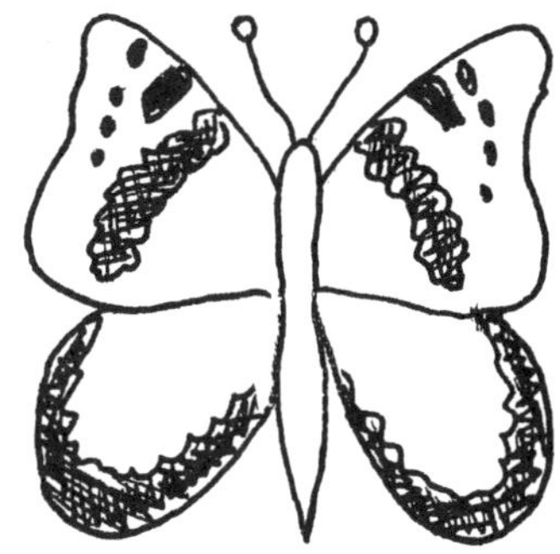

3.

4.

Kleiner Fuchs: Die Vorderflügel sind am oberen Rand mit zwei kleinen und einem großen Punkt verziert. Grundfarbe: orange-braun.

Zitronenfalter: Das Männchen ist einfarbig leuchtend gelb, während das Weibchen von grün-weißlicher Farbe ist.

Tagpfauenauge: Jeweils außen an den Flügeln ist ein großer, farbig schillernder Punkt abgebildet. Dieser erinnert an ein Pfauenauge.

Roter Admiral: Die roten Streifen an den vier geöffneten Flügeln erinnern an ein auf den Kopf gestelltes Herz.

Stolz Verlag Lernwerkstatt Sommer Best.-Nr. 335

Symmetrie der Schmetterlinge

Schmetterlinge sind symmetrisch. Weißt du, was das heißt? Symmetrisch bedeutet, dass es zwei Hälften gibt, die spiegelbildlich gleich aussehen.

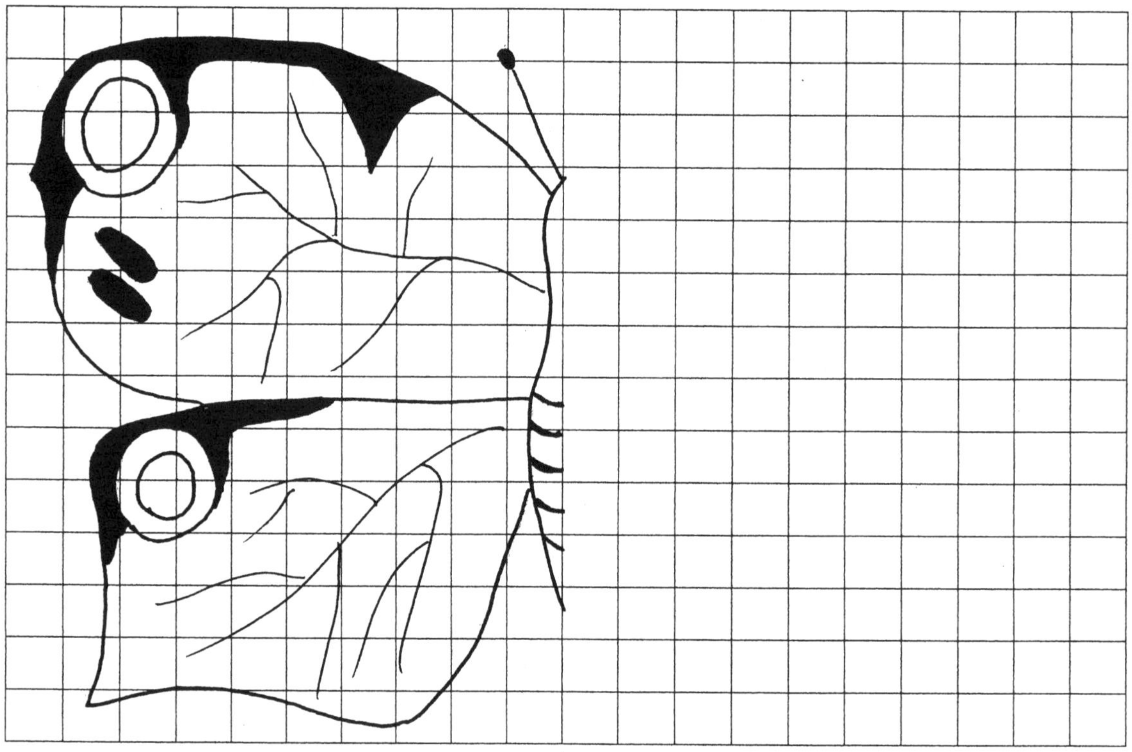

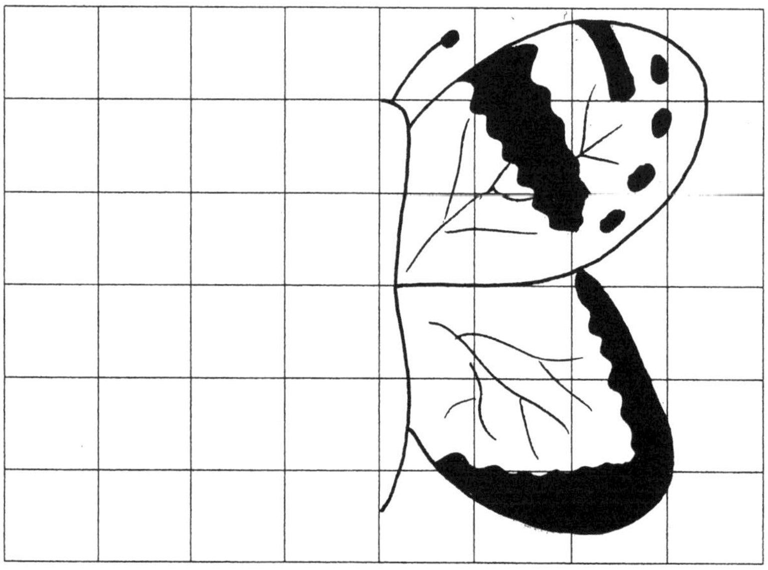

Zeichne die zweite Hälfte so, dass die Falter symmetrisch werden!

Stolz Verlag Lernwerkstatt Sommer Best.-Nr. 335

Die Beeren sind reif

Die Sommersonne lässt Früchte an Bäumen und Sträuchern reifen. Je sonniger der Standort ist, desto mehr Früchte bilden sich. Im Schatten findet man weniger Früchte. Kennst du die abgebildeten Beeren?

1.

2.

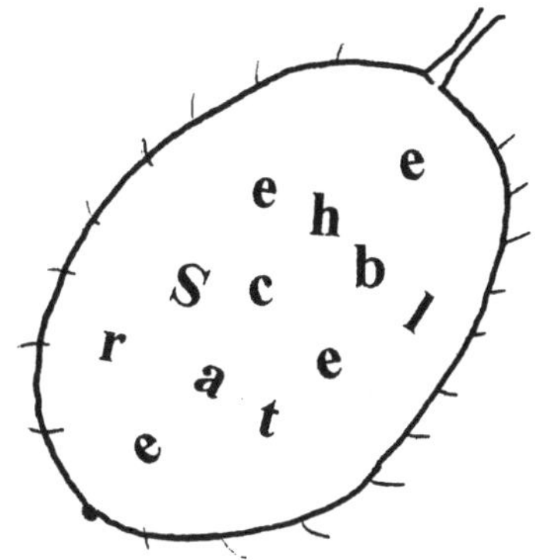

3.

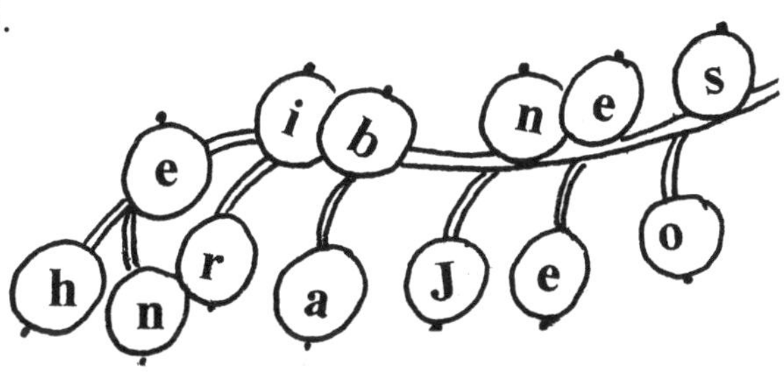

4.

Aber aufgepasst! Nicht alle Wildfrüchte sind genießbar! Einige sind giftig und dürfen deshalb nicht verzehrt werden. Auch wenn sie noch so verlockend aussehen: Sammle nur Früchte, die du kennst!

Arbeitsanweisungen

1. Sortiere die Buchstaben in den Zeichnungen, dann erhältst du die Namen der Beeren.

2. Was weißt du noch über Früchte und Beeren? Sprecht darüber und schreibt das Ergebnis auf.

Zeit zum Lernen

Stolz Verlag Lernwerkstatt Sommer Best.-Nr. 335

Sommerzeit - Beerenzeit

Die **Himbeere** blüht von Mai bis Juni mit einer weißgrünen Blüte. Die Frucht, die sich dann bildet, setzt sich aus vielen kleinen Steinfrüchtchen zusammen. Sobald die Himbeere reif ist, kann man sie leicht vom Blütenboden lösen. Dabei entsteht oben in der Frucht eine große Öffnung. Die Himbeere ist hell- bis dunkelrot und flaumig behaart.
Auf der Oberseite sind die Blätter dunkelgrün. Die Unterseite ist weiß-filzig. Die Zweige des Himbeerstrauches sind mit kleinen, roten Stacheln besetzt. Der Strauch kann bis zu zwei Meter hoch werden.

Die **Brombeere** steht von Juni bis August in weiß-rosafarbener Blüte. Vom Juli bis November kann man blauschwarze Früchte ernten, die sich aus vielen kleinen Steinfrüchtchen zusammensetzen. Die Bindung der Brombeere zum Blütenboden ist fest: das Ernten ist daher mühsamer. Die Blätter sind auf der Oberseite grün und weisen einige rötlich-braune Flecken auf. Die Unterseite ist weiß-filzig. Brombeersträucher bleiben oft auch im Winter grün. Die Zweige tragen große Stacheln. Der Brombeerbusch wuchert zu einem undurchdringlichen Dickicht heran und wird bis zu zwei Meter hoch.

____

____

Das ist bei Himbeere und Brombeere gleich oder ähnlich: ______________

____

____

____

____

____

____

Arbeitsanweisungen

1. *Lies aufmerksam und unterstreiche wichtige Aussagen. Stelle dir das Gelesene bildlich vor.*
2. *Schreibe kurz auf, was bei Himbeere und Brombeere ähnlich oder gleich ist. Wenn der Platz auf diesem Blatt nicht ausreicht, nimm dein Heft. Was zeigen die Fotos? Trage die Namen ein.*

Stolz Verlag Lernwerkstatt Sommer Best.-Nr. 335

Himmbeerstrauch und Brombeerstrauch

Aufgabe für Schlauköpfe und Gedächtniskünstler: Kreuze die zutreffene Spalte an, ohne im Text auf der Vorseite nachzuschauen.

	Himbeerstrauch	Brombeerstrauch
1. Zweige tragen kleine, rote Stacheln		
2. trägt blauschwarze Früchte		
3. hat Früchte mit flaumiger Behaarung		
4. hat auch im Winter noch grüne Blätter		
5. beim Ernten bekommen Früchte eine Öffnung		
6. steht von Juni bis August in Blüte		
7. Früchte haften fest am Blütenboden		
8. die Früchte lösen sich leicht vom Blütenboden		
9. blüht von Mai bis Juni		
10. die Früchte sind hellrot bis dunkelrot		
11. hat weißgrüne Blüten		
12. wächst zu undurchdringlichem Dickicht heran		
13. hat glatte, glänzende Früchte		
14. weist auf den grünen Blättern Flecken auf		

Weiterführende Aufgabe
Was magst du lieber: Himbeeren oder Brombeeren? Wähle eine Frucht aus. Schreibe dann nur jene Aussagen ins Heft, welche die von dir gewählte Frucht betreffen! Zeichne dazu.

Stolz Verlag Lernwerkstatt Sommer Best.-Nr. 335

Endlich Sommerferien!

Bald ist es soweit: in zwei Tagen gibt es Sommerferien. Lara und Frieda freuen sich auf Urlaub, Ausschlafen, Strand und Spaß. Nur zu blöd, dass Frieda mit ihren Eltern in den ersten drei Wochen an die Nordsee fährt, während Lara ihre Großeltern in Italien besucht - ausgerechnet in den letzten drei Ferienwochen. Die Freundinnen werden sich sechs lange Wochen nicht sehen! So lange waren sie noch nie getrennt. Als Frieda mit ihrer Mutter den Koffer für die Reise zur Nordsee packt, hat sie ein mulmiges Gefühl. Sie wird Lara schrecklich vermissen, das weiß sie schon jetzt. Schließlich schüttet sie der Mutter das Herz aus. Diese aber reagiert eigenartig. Sie geht schweigend ins Wohnzimmer. Dort hört Frieda, wie Mutter leise mit dem Vater spricht. Was haben sie da zu tuscheln? Frieda steht mit gemischten Gefühlen vor dem halbgepackten Koffer. Jetzt kommen die Eltern zu ihr ins Zimmer herein. Der Vater hat sein spitzbübisches Lächeln aufgesetzt. Mama hält einen großen Briefumschlag in der Hand. Den gibt sie Frieda. Diese öffnet neugierig.

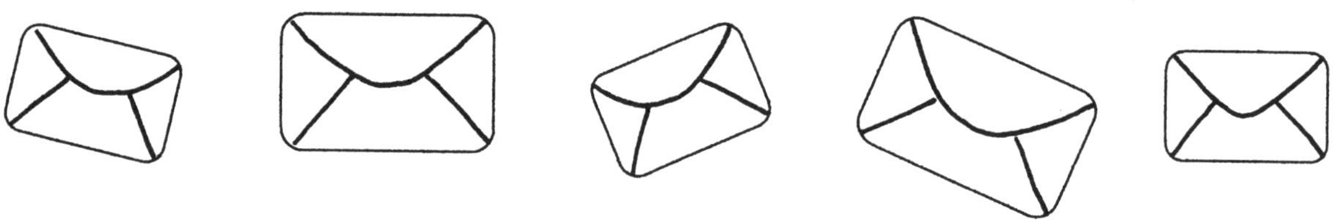

Arbeitsanweisung

Was könnte in dem großen Umschlag sein? Hmmm – da musst du nachdenken, was?
Schreibe ein passendes Ende für die Geschichte.

Stolz Verlag Lernwerkstatt Sommer Best.-Nr. 335

Wir Sommerdichter

Jetzt dichten wir ein Akrostichon. Was ist das? Bei einem Akrostichon (kannst du das ohne Stocken sagen?) werden die Buchstaben eines Begriffs untereinander geschrieben. Die Aufgabe lautet nun, jeden Buchstaben als Anfangsbuchstabe eines Wortes oder Satzes zu nutzen. Die Wörter oder Sätze sollen inhaltlich zum Begriff passen.

S ______________________

O ______________________

M ______________________

M ______________________

E ______________________

R ______________________

F ______________________

E ______________________

R ______________________

I ______________________

E ______________________

N ______________________

Arbeitsanweisungen

1. *Fülle das Akrostichon aus. Verwende nur Aussagen, die einen Bezug zum Wort „Sommerferien“ haben. Achte auf Kleinschreibung bei Adjektiven oder Verben! Wenn du unsicher bist, frage!*
2. *Welchen Oberbegriff hat dieses Akrostichon:*
   Ferienzeit – richtig Spaß haben – Erlebnis – Ich ziehe meine Badehose an. – Badelatschen vergessen – Alle Freunde sind dabei. – Dusche
3. *Denkt euch zu zweit einen Oberbegriff aus und füllt gemeinsam das neue Akrostichon aus!*

Stolz Verlag Lernwerkstatt Sommer Best.-Nr. 335

Eine Strandgeschichte

In den großen Ferien ist Mara mit den Eltern an die See gefahren. Hier kann sie jeden Tag schwimmen, im Schlauchboot paddeln, Sandburgen bauen und mit anderen Kindern Freundschaft schließen.
Nach einem aufregenden Tag am Strand sitzt Mara noch einige Minuten auf ihrem roten Badetuch und schaut auf das Treiben am Wasser. Am Horizont taucht eine riesige, gelbrote Sonne ins Wasser. Das Boot mit den blauen Segeln wirkt winzig dagegen. Ein Dampfer, den man nur als schwarzen Umriss erkennen kann, zieht übers Wasser. Aus seinem Schornstein steigt grauer Rauch auf. Auf der Landzunge ganz in der Nähe steht der rot-weiß gestreifte Leuchtturm. Eine gelbe Luftmatratze schaukelt verlassen auf den kleinen Wellen. Wem die wohl gehört? Vielleicht dem Jungen mit der grünen Badehose?

Arbeitsanweisungen
Lies zuerst still, stelle dir alles genau vor. Male dann das Bild bunt aus, so wie es im Text beschrieben ist.

Zeit zum Lernen
Stolz Verlag Lernwerkstatt Sommer Best.-Nr. 335

Wörter, am Strand gefunden

Bilde aus den vorgegebenen Begriffen so viele Wörter wie möglich.
Dazu dürfen nur die vorhandenen Buchstaben verwendet werden.
Beispiel: STRAHL – Hast, Last, hat, Ast, sah, Rat ...

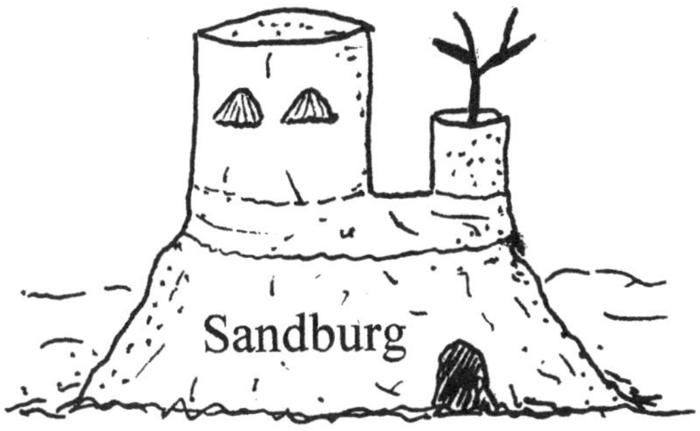

Schon fertig? Bravo! Hier sind zwei weitere Begriffe, die du im Heft bearbeiten kannst:
SEGELBOOT *und* SONNENLIEGE

Stolz Verlag Lernwerkstatt Sommer Best.-Nr. 335

Zeit zum Lernen

Die Kiste an der Küste

von Josef Guggenmos

An der Küste
lag eine Kiste.
Ich schaute hinein.
Hinter mir
kamen andere drein,
die schauten hinein,
ein ganzer Verein.
In der Kiste
an der Küste
kann vieles sein.
Doch was war drein?
Nein.

Wenn du vorbeikommst,
Leg was hinein,
damit sie was zu schauen kriegen,
die vielen, die da wandern,
einer um den andern.

Arbeitsanweisungen

1. *Lies das Gedicht zuerst still, dann laut vor.*
2. *Was könntest du in die Kiste legen? Vielleicht Dinge, die man am Strand finden kann? Fülle die Kiste!*

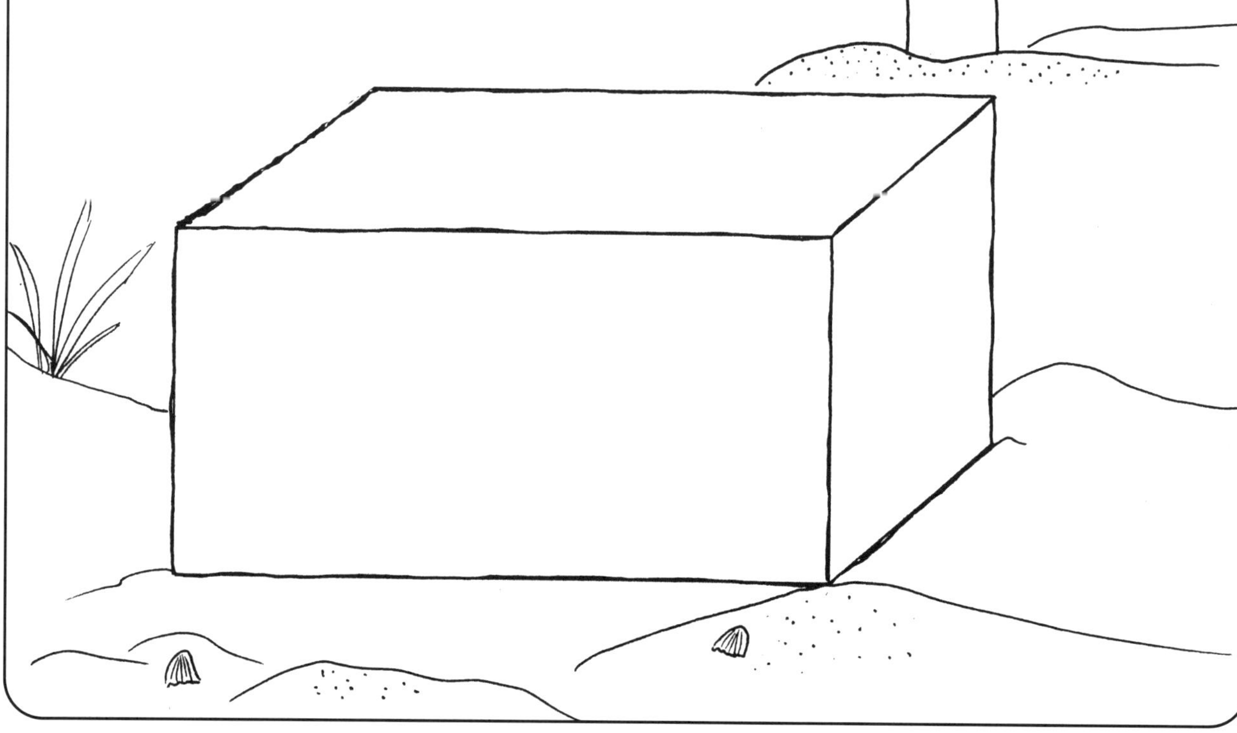

Stolz Verlag Lernwerkstatt Sommer Best.-Nr. 335

Mathe-Leuchttürme

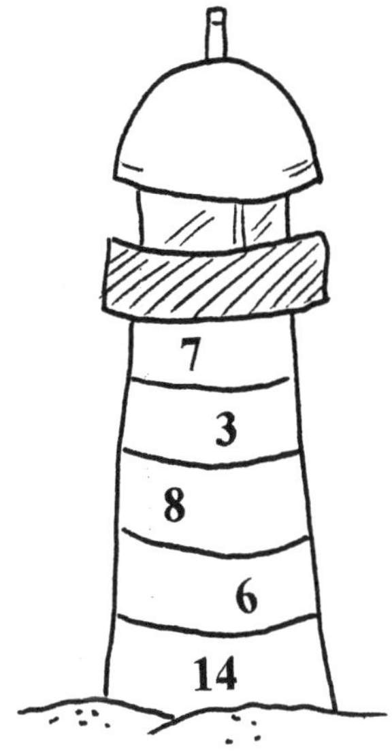

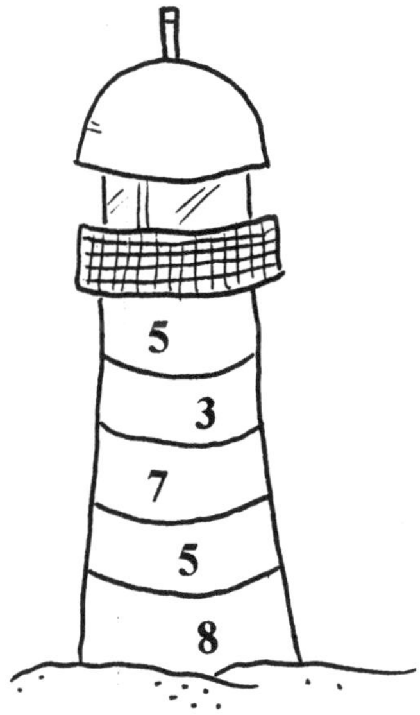

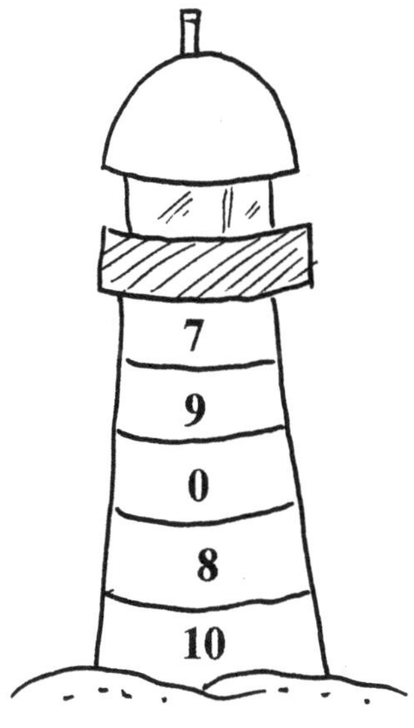

Arbeitsanweisung

Rechne alle Zahlen in jedem Leuchtturm zusammen. Schreibe dein Ergebnis in die Turmkuppen.

Zeit zum Lernen
Stolz Verlag Lernwerkstatt Sommer Best.-Nr. 335

Abschlusstest

Arbeitsanweisung

Dieser Test soll dir helfen zu erkennen, was du gelernt hast.

1. *Lies zuerst jede Frage aufmerksam. Denke nach und schreibe dann die Antworten in dein Heft.*
2. *Formuliere ganze Sätze! Gib dir auch Mühe bei der Wortwahl. Es geht nicht nur darum, WAS du zu sagen hast, sondern auch WIE du es sagst.*
3. *Nimm dir Zeit. Wenn du etwas nicht weißt, ist es besser, gar nichts zu schreiben als zu raten.*

1. Wodurch entstehen die Jahreszeiten?
2. Welche Jahreszeit haben wir, wenn auf der Südhalbkugel der Erde Winter ist?
3. Wann sind die Schatten besonders kurz: mittags im Juli oder mittags im Januar?
4. Wann ist bei uns Sommeranfang?
5. Welches Vitamin wird in unserem Körper mit Hilfe des Sonnenlichts gebildet?
6. Weißt du einen anderen Namen für „Schmetterling"?
7. Zu welcher Tierklasse gehören die Schmetterlinge?
8. Wie viele Beine und Flügel hat der Schmetterling?
9. Wie verläuft die Entwicklung eines Schmetterlings? Zähle seine „vier" Leben auf!
10. Nenne die Namen von mindestens zwei einheimischen Schmetterlingsarten!
11. Nenne mindestens zwei Beerenarten!
12. **Zusatzfrage für freie Bearbeitung:** Was weißt du sonst noch zum Thema Sommer?

Stolz Verlag Lernwerkstatt Sommer Best.-Nr. 335

Seiten 5 und 6

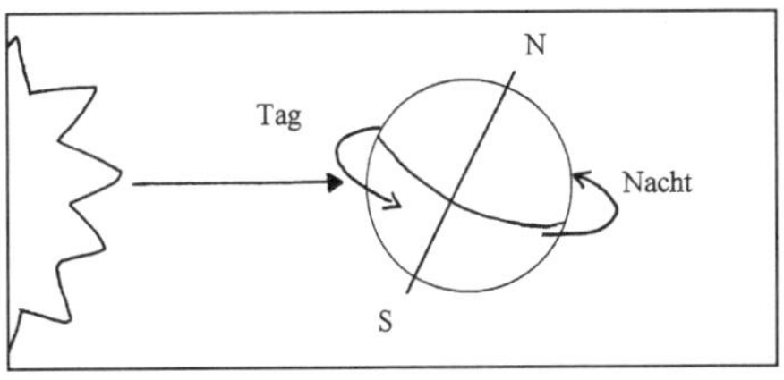

Ist es bei uns Sommer, dann haben die Menschen in Südafrika Winter.
Ist es bei uns Herbst, dann haben die Menschen in Südafrika Frühling.
Ist es bei uns Winter, dann haben die Menschen in Südafrika Sommer.
Ist es bei uns Frühling, dann haben die Menschen in Südafrika Herbst.

Seite 7

Der Sommer ist für Kinder eine ganz besondere **Jahreszeit**. Die Sonne scheint, und alle können den ganzen Tag **draußen** spielen. In den **Sandalen** braucht man keine **Strümpfe** zu tragen. Auch die **Freibäder** und **Eisdielen** haben endlich wieder geöffnet. Hier lassen viele Kinder einen **Großteil** ihres wertvollen **Taschengeldes**. In der **Schule** gibt es manchmal **hitzefrei**, außerdem sind bald **Sommerferien**. Herrlich!

Seite 12

Das Lösungswort: FREIBAD

Seite 13

Sonnenbrille, Sonnenfinsternis, Sonnenallergie, Sonnenstrahl, Sonnenblume, Sonnenschein, Sonnenschirm, Sonnenuhr, Sonnenbrand, Sonnenhut, Sonnenkönig, Sonnenterrasse, Sonnenlicht, Sonnenaufgang, Sonnengott, Sonnencreme

Sommersprossen, Sommerwiese, Sommerblume, Sommerurlaub, Sommerkleid, Sommerhaus, sommerlich, Sommergewitter, Sommerzeit, Sommergrippe, Sommeranfang, Hochsommer, Sommerferien, Sommerluft, Sommerfest, Spätsommer

Seite 15

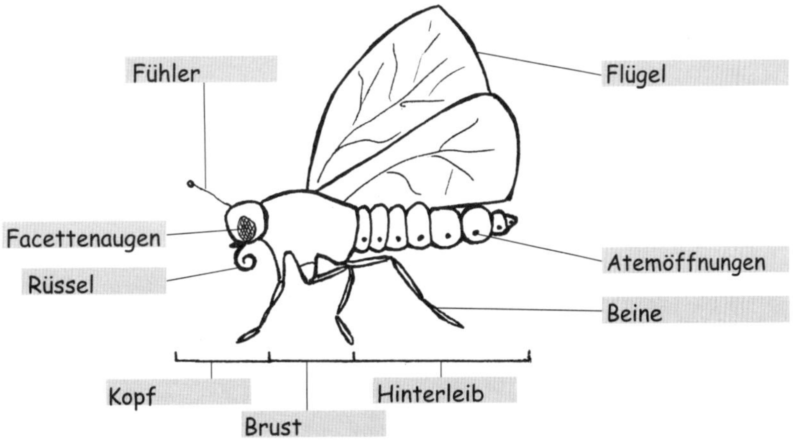

Zeit zum Lernen
Stolz Verlag Lernwerkstatt Sommer Best.-Nr. 335

Seite 16

Reihenfolge der Entwicklung:
Ei - Raupe - Puppe - Schmetterling

Seite 17

1. Tagpfauenauge 2. Roter Admiral 3. Kleiner Fuchs 4. Zitronenfalter

Seite 19

1. Brombeere 2. Stachelbeere 3. Johannisbeere 4. Himbeere

Seite 20

Bild oben: Himbeere Bild unten: Brombeere

Beides sind Steinfrüchtchen, die Unterseite der Blätter ist weiß-filzig, die Zweige tragen Stacheln. Die Sträucher können bis zu zwei Meter hoch werden.

Seite 21

Himbeerstrauch: 1., 3., 5., 8., 9., 10., 11.
Brombeerstrauch: 2., 4., 6., 7., 12., 13., 14.

Seite 22

Und dieses Ende hat sich die Autorin für euch ausgedacht:

„GUTSCHEIN ..." stand dort ganz groß geschrieben. Frieda drehte den Zettel um. Dort war folgendes zu lesen: „... für einen Nordsee-Urlaub mit deiner Freundin."
Ungläubig blickte Frieda von Mutter zum Vater und vom Vater wieder zur Mutter. Sollte das bedeuten, dass ... Die Eltern lachten. „Lara soll schnell ihren Koffer packen. Es ist alles schon mit ihren Eltern abgesprochen." Frieda fällt ihren Eltern um den Hals. Und dann schnappt sie sich das Telefon, um Lara anzurufen.

Seite 23

Aufgabe 2: FREIBAD

Seite 27

Mathe-Leuchttürme:	31	38	25
	28	27	34

Abschlusstest

1. Die Jahreszeiten entstehen durch die Drehung der Erde um die Sonne (und durch die Schrägstellung der Erdachse).
2. Wir haben Sommer, wenn auf der Südhalbkugel der Erde Winter ist.
3. Die Schatten sind besonders kurz mittags im Juli.
4. Sommeranfang ist am 21. Juni.
5. In unserem Körper wird mit Hilfe des Sonnenlichts das Vitamin D gebildet.
6. Ein anderer Name für Schmetterling ist Falter.
7. Schmetterlinge gehören zu den Insekten.
8. Der Schmetterling hat sechs Beine und vier Flügel.
9. Der Schmetterling entsteht aus dem Ei. Aus dem Ei wird eine Raupe, aus der Raupe eine Puppe. Und aus der Puppe schlüpft der Schmetterling.
10. Tagpfauenauge, Roter Admiral (Kleiner Fuchs, Zitronenfalter)
11. Brombeere, Stachelbeere (Johannisbeere, Himbeere)
12. **Zusatzfrage:**
    Wir ermuntern die Kinder, sich um die Darstellung des eigenen Wissens zu bemühen. Besonders lobenswert sind kurze Aufsätze mit inhaltlichen Aussagen zur Sache. Grundsätzlich soll jeder Versuch in diese Richtung gelobt werden.

Stolz Verlag Lernwerkstatt Sommer Best.-Nr. 335